Ange Fabrice Dibi

Les Chants d'Aurores

Ange Fabrice Dibi

Les Chants d'Aurores

Éditions Muse

Imprint

Cover image: www.ingimage.com

Publisher:
Éditions Muse
is a trademark of
Dodo Books Indian Ocean Ltd., member of the OmniScriptum S.R.L Publishing group
str. A.Russo 15, of. 61, Chisinau-2068, Republic of Moldova Europe
Printed at: see last page
ISBN: 978-620-2-29967-1

Les Chants d'Aurores

Ecrivain noir

Biographie

Ange Fabrice Dibi dit **Ecrivain noir** est un écrivain ivoirien de père planteur de mère ménagère, né en 1988 dans la sainte ville de Tiébissou dans la région du Bélier. Agent Commercial et Président-initiateur du G.S.V qui signifie Génération Sans Violence. Malgré ces difficultés traversées sur con chemin, il n'a pas abandonné son rêve d'écriture. **Bernard Dadié** est son idole et aujourd'hui, il est auteur de plusieurs ouvrages publiés en France. **Les Larmes d'Innocent** en 2016, **Ma Voix dans l'univers en 2017, A qui la faute ? Tome 1** dans la même année**, Ma Déesse vit ailleurs** en 2018 et il nous présente son cinquième ouvrage de poèmes intitulé **Les Chants d'Aurores**.

Dédicace

Je dédie cet ouvrage à mon père Koudio Kouadio Ludovic,planteur à Molonou.Que Dieu te garde longtemps.

Je dédie cet ouvrage à ma mère feu Kouamé Diby, ménagre à Molonou.Jamis je ne t'oublierai pour le bonheur que tu m'as donné.

Je dédice cet ouvrage à mon meilleur ami Assiemian Michael, Jounaliste .

Je dédie cet ouvrage à mon frère Koffi Kouadio Serges, Secretaire à Jumo.

Je dédie cet ouvrage à mon neveu N'hmé Koffi yanick,Maciniste à Plasika.

Je dédi cet ouvrage à mon frère Alain Koffi, Consultant.Merci pour tes conseils et tes encouragements de tous les temps.

Poème 1 : Mes mots pour mon amour

Tu sais ?

Tu es ma derrière raison de vie.

Sans toi, je ne suis rien devant le monde.

Sans toi, mon existence est inutile;

Et je serai comme un crabe dans une sauce,

Qui sera mangé sans odeur.

Tu sais?

Je t'aime de tout mon cœur.

Ton odeur parfumée, ton sourire éclatant,

Et tes yeux de biche me font oublier mon passé douloureux.

Tu sais ?

Il n'aura jamais ton semblable dans mon cœur.

Toi, qui écoute mes larmes de tous les temps

Toi, qui supporte mes caprices nuit et jour

Toi, qui cherche toujours à me rendre heureux.

Tu sais ?

Je t'aime et je j'aimerai

Je te chanterai des belles louanges

Je te chanterai toujours des beaux poèmes

Et je te présenterai toujours des belles fleurs.

Tu sais ?

Pourquoi, je te chante ses mélodies ?

Tout simplement, parce qu'il y a la vie en toi.

Le bonheur et la joie intense entre tes jambes superbes.

Tu sais ?

Pourquoi, je te loue mon soleil couchant?

Tout simplement, tu es une fée douce, humble et vertigineuse.

Poème2 : Mon veux pour ma mère

Mère de toutes les fées

Immense est ma joie de te voir sourire

Comme la reine de l'Angleterre,

Bouger comme une lionne triomphale

Je hais que tu coules des larmes

Je hais que tu sanglotes sur cette grosse natte

Je hais que tu gémisses sur ce granite précieux

Je veux moi-même essuyer tes larmes

Et te montrer mon profond amour.

Gazelle remplie de graisses et de grâces

Vivre longtemps est mon souhait ardent pour toi

Je hais que tu coules des larmes

A travers ma force, tu vivras longtemps !

A travers mes biens, tu logeras dans un monde

Précieux où la paix règne éternellement.

Je combattrai tous les vautours qui t'entourent.

Je hais que tu coules des larmes

A travers ma force, tu vivras longtemps.

Je me battrai jus qu'à la dernière goute de mon sang

Pour te rendre heureuse avant qu'on se sépare ici-bas.

Poème 3 : *c'est ensemble*

C'est ensemble,

Que nous la guérirons.

C'est ensemble,

Que nous arriverons au bout de ce tunnel.

C'est ensemble,

Que cette belle mère triomphera.

C'est ensemble,

Que nous vaincrons l'ennemi pour mieux respirer l'air de la paix.

C'est ensemble,

Que l'ouragan, les disputes et la tempête disparaitrons.

C'est ensemble,

Que nous bâtirons et consoliderons une nation forte.

C'est ensemble,

Que nous vaincrons et gagnerons cette lutte farouche.

C'est ensemble,

Que notre pensée « Z » sera atteinte aux yeux du monde.

C'est ensemble,

Que cette mère sortira de cette infection virale

C'est ensemble,

Que nous sauverons l'Afriques de ses pourritures.

C'est ensemble,

Que les vautours iront loin de nous.

C'ensemble,

Que cette belle créature sera louée.

C'est ensemble,

Que nous ferons des exploits et atteindrons la victoire finale.

Et c'est ensemble,

Que nous bâtirons cette nation prospère, paisible et solide aux yeux du monde.

Poème 4 : *L'importance de mon amant*

Tu ne vivras pas ailleurs !

Ho, ma Déesse de tous les temps !

Toi, tes yeux bleus éboutent mon cœur.

Mon déodorant et mon parfum de tous les temps.

Dont en toi coule le miel.

Tu ne vivras pas ailleurs !

Toi, ma déesse de tous les temps

Dont son beau sourire écrase mes vices.

Toi, qui perturbe ma tête et mes rêves

Ma lumière de tous les temps.

Tu ne vivras pas ailleurs !

Toi, qui possède le plaisir qui tue

Toi, qui sais consoler et chouchouter

Toi, tes baisers m'emporte vers le paradis.

Et qui dégage une odeur d'olive.

Tu ne vivras pas ailleurs !

Mon amour de tous les temps

Ma lumière de tous les temps

Et mon miel de tous les temps.

Tu ne vivras pas ailleurs !

Car j'ai un amour fou pour toi.

Poème 5 : La promesse à mon amour

Tu seras !

Tu seras celle que je la porterai sur mes mains.

Dans une robe de hauts standings devant le monde

Tu seras !

Tu seras celle que je l'adorerai tous les jours.

Et je lui donnerai le vrai jus du ciel.

Tu seras !

Tu seras celle qui je l'embrasserai devant le monde.

Et sa langue sera dans ma bouche devant le monde

Tu seras !

Tu seras celle que je lui adresserai mes chants d'amour.

Je lui présenterai des beaux cantiques devant les Anges

Tu seras !

Tu seras celle qui me verra uniquement nu.

Celle qui me donnera le vrai miel du ciel

Tu seras !

Tu seras celle que je l'envoierai à la mairie.

Je lui tendrai un bouquet de fleur devant le monde

Tu seras !

Tu seras mon unique miel.

Mon parfum de tous les jours.

Tu seras !

Tu seras celle que je lui dirai « oui » à la mairie.

Et je lui donnerai un baiser devant le monde

Tu seras !

Tu seras celle qui me remplacera demain.

Celle qui me donnera le vrai amour.

Poème 6 : Le paradis est notre asile

Je m'en irai

Je m'en irai de l'autre côté du monde

Où le bruit assourdissant et les cris sont tus.

Je m'en irai

Je m'en irai prendre la véritable paix

Et les beaux mots pour vous envoyer.

Je m'en irai

Je m'en irai très loin de vous

Où mon corps raidi dormira en paix.

Je m'en irai

Je m'en irai de l'autre monde

Où les claquements des armes sont tus.

Je m'en irai

Je m'en irai de l'autre monde

Où la paix règne éternellement.

Je m'en irai

Je m'en irai de l'autre monde

Où les cris et les pleurs sont tus.

Poème 7 : J'ai l'impression

J'ai l'impression,

J'ai l'impression que je suis là pour asservir les autres

Et que par moi ; rien ne sera mieux au monde

Et ma vie sur terre sera une poudrière sur cette tere.

J'ai l'impression,

J'ai l'impression que tout s'arrêtera pour moi aujourd'hui

Tout finira par moi et j'irai sans avenir aux yeux du monde

Et je n'aurai pas de traces sur cette terre des hommes.

J'ai l'impression,

J'ai l'impression que ma vie apporte peu au monde

Mon savoir ne contribuera pas au développement

Et ma bouche est la plus sale au monde.

J'ai l'impression,

J'ai l'impression que toutes les femmes sont nées pour moi

Le plaisir est venu au monde pour moi seul et la joie immense.

J'ai l'impression,

J'ai l'impression que c'est à cause de moi la pauvreté et la misère existent dans ce monde

Les malheurs, les échecs et les tempêtes sont nés

Et la nuit qui ne finira jamais existe ici-bas.

J'ai l'impression,

J'ai l'impression que tout sera beau demain

Les assoiffés boiront dans mes mains

L'obscurité sera la lumière et tout sera rose.

J'ai l'impression,

J'ai l'impression que tout est fini sur mes pas

Les échecs, les malheurs et les soucis sont tus

Dieu existe pour moi seul sur cette terre

Dans ce monde si délicieux où la joie se paie.

Poème 8 : Je hais !

Je hais là où il y a des cris de tristesses

Je hais là où les claquements des armes règnent

Je hais là où la joie a foutu le camp entre les humains

Je m'en irai très loin

Je m'en irai là où les cris des innocents sont tus

Je m'en irai là où la joie est immense entre les hommes

Je m'en irai là où le sang ne verse pas au nom de la justice

Je hais ce monde de violences

Je hais cet endroit où les gens n »ont point de rires

Je souhaiterais qu'il disparaisse définitivement

Je m'en irai là où il y a la musique

Je m'en irai là où il y a des danses

Pour passe le reste de ma vie sur terre

Pour rire et partager la paix durable.

Je m'en irai dans ce monde de paradis dont chantent mes pères

Pour ne plus voir des ignominies et entendre des mots choquants

Et vivre mon paradis sur terre.

Poème 9 : Je ne sais pas et je sais

Je ne sais pas faire du bruit

Je ne sais pax harceler les autres

Ni tendre la main comme un mendiant

Je sais bien parler à mon prochain

Je sais respecter les autres

Je sais agir envers les autres.

Je ne sais pas apporter la souffrance aux humains

Je ne sais pas trahir les autres

Je ne sais pas tromper les autres.

Je sais faire l'amour

Je sais faire la paix

Je sais rassembler.

Je ne sais pas agresser les autres

Je ne sais piquer les autres

Je ne sais pas tuer mon prochain.

Je sais chanter pour égayer

Je sais faire la musique

Je sais composer les textes mélodieux.

Mais, je ne sais pas détruire sur mon passage

Je ne sais pas apporter l souffrance aux autres

Et je ne sais pas quémander pour survivre.

Poème 10 : La voix d'un raté

Ce n'est pas ma faute

Je reconnais que je suis raté

Ma voix pointe du doigt d'abord,

A mes géniteurs du ciel qui m'ont envoyé

Dans ce monde affreux et si amer.

Pour eux, l'essentiel est fait en m'envoyant au monde.

Le reste appartient à la nature.

La nature n'a rien de mal

Nous ne sommes pas venus au monde dans le compte de la nature

Mais sans doute dans le compte de nos parents.

Que votre voix entende ces cris !

Mon père et moi, dans la même maison sans se voir pendant deux semaines voir un mois.

Seules, ses causeries avec ma maman qui me signalaient sa présence de temps en temps.

Tous mes conseils que je possède,

Sont acquis dans les rues de la place.

Pourtant, ils sont là et ils sont bien portants.

Les conseils pour devenir vrais humains ;

Ils ne m'ont jamais appris à la maison.

J'ai tout appris dans les rues.

Pour eux, l'essentiel est fait en m'envoyant au monde.

« Attention, mon fils ! Ne fait pas comme ça ».

« Attention, mon fils ! Un enfant ne fait pas ça ».

« Attention, mon fils ! Un enfant n'agit pas ainsi ».

Je n'ai jamais entendu à la maison ces belles paroles.

Souvent, c'est dans les rues que je les attende.

Je reconnais que je suis raté

Je reconnais aussi que mes parents ont une part.

Les vertus et les valeurs humaines ;

Ils ne m'ont jamais enseignés à la maison.

Je regrette d'avoir venu dans leurs mains.

Je regrette d'avoir porté leurs stigmates.

Je regrette d'avoir appartenu à ses irresponsables parents.

Poème 11 : Pourquoi, c'est toi ?

Pourquoi, c'est toi ?

Que la société rejette tes dossiers partout.

Qui ne sait pas agir et ni se conduire au sein des humains.

Qui détruit sans remord et sans pitié les biens d' autrui.

Pourquoi, c'est toi ?

La société pointe du doigt la perte de cette année

Qui se lamente toujours dans son coin,

Comme la terre tourne seulement pour les autres.

Qui vole tout sur son passage

Et qui n'a pas l'amour pour son prochain dans ses actions.

Pourquoi, c'est toi ?

Tu ne connais pas la honte ici

Tu ne cherche pas à chosifier ta misérable vie.

Tu ne mènes pas aussi le combat qui nous sauvera de la honte.

Toujours t'apitoyer sur son devenir comme la terre tourne pour les autres.

Pourquoi, c'est toi ?

Qui apporte la souffrance à la famille

Qui est poursuivi par les policiers partout

Nuit et jour dans les fumoirs dans toutes les villes.

Pourquoi, c'est toi ?

Qui est toujours enchaîné devant le monde

Qui met en faillite l'entreprise familiale

Les humains te rejettent dans leurs milieux

Et la paix ne te dit rien du tout devant le monde.

Poème 12 : Mères de toutes les races

Avant toute chose, vous êtes toutes des biens !

Des biens pour les enfants et pour les hommes

Avenir de tout un monde assoiffé é de joie

Je crois en vous cette précieuse paix cachée

A l'égard de ma mère,

Vous êtes toutes adorables.

En dehors de vous, il n'y a que la haine

Créatures sublimes et réellement dociles

Des porteuses éternelles de l'amour réel

A L'égard de ma mère,

Vous êtes toutes adorables.

Allaiter, laver, coucher et couvrir sont vos gestes

Des gestes louables, agréables, honorables et adorables.

Vous êtes les créatures les plus sucrées au monde

Mères de toutes les races et de tous les horizons

A l'égard de ma mère,

Vous êtes toutes adorables.

Je chanterai pour vous égayer toujours

J'écrirai des beaux textes pour vous épanouir

Je chanterai des cantiques d'adoration pour vous

Mères de toutes les races et de tous les horizons

Car vous êtes toutes adorables.

Poème 13 : L'immigration clandestine

Oh, voie !

Voie meurtrière de toutes les voies

Où l'insécurité est grandissante

Assurant la destiné des âmes destinées à l'enfer.

Je te hais !

Je te hais ! Et je te haïrai !

Parce que tu apportes sur ta voie

L'enfer plus que le paradis des humains.

Voie humiliante et voie honteuse.

Je te hais !

Je te hais ! Et je te haïrai !

Chemin destiné à l'enfer des voyageurs.

Assurant la destiné des âmes destinées à l'enfer

Voie meurtrière !

Voie humiliante

Et voie honteuse !

Je te hais !

Je te hais ! Et je te haïrai !

Car tu es une voie meurtrière pour ces voyageurs.

Poème 14 : Si nous faisons

Si nous faisons,
Si nous faisons cette lutte sans hypocrisie
Devant le monde entier et devant les ancêtres
Je vous jure que la paix s'installera
Dans cette belle nation.

Si nous faisons,
Si nous faisons cette union sans hypocrisie
Dans cette fabuleuse Afrique-là
Devant le monde et devant les ancêtres
Je vous jure que l'émergence et le progrès
Ne seront pas des illusions demain.

Si nous faisons,
Si nous faisons cette revendication sans hypocrisie
Dans cette société tordue aux yeux du monde
Je vous jure que la justice s'installera
Dans cette glorieuse nation aux yeux du monde.

Si nous faisons,

Si nous faisons Cette bataille sans hypocrisie
En unissant nos idées collectives devant le monde
Je vous jure que la paix ne sera pas une illusion
Dans cette fabuleuse Afrique.

Si nous faisons,

Si nous faisons cette union sans hypocrisie en Afrique
Devant le monde et devant les ancêtres
Je vous jure que la guerre ira loin de nous.

Poème 15: Cette jeunesse africaine-là

Cette jeunesse africaine-là!

Dorée comme le soleil couchant

Vertueuse et immensément riche .

Mais envoutée par des visions pourries.

Cette jeunesse africaine-là

Douée dans les visions nocturnes,

Qui apporteront que la honte à l'Afrique demain.

« Celle de faire l'amour rien que l'amour »

« Celle de l'oisiveté et celle d'arnaquer »

« Celle d'avoir pour rêve des portables de dernières marques »

« Celle d'avoir trois copines voire huit »

Pourtant, un petit japonais à notre âge crée et invente.

Pourtant, un petit blanc à notre âge crée et invente.

Pourtant, l'Afrique compte sur nous pour son émergence de demain.

Cette jeunesse africaine-là !

Les chasseurs éternels des faux réseaux

Les éternels coureurs de jupon

Amis fidèles de la violence illégitime.

Envoutée par des visions nocturnes !

Partisans des ambitions éphémères

Et amis fidèles de la corruption.

Pourtant, un petit blanc à notre âge crée et invente.

Pourtant, un japonais à notre âge crée et invente.

Sortons dans cette ignorance immense !

Brisons ces esprits impurs !

Réveillons-nous sur cette vallée de la mort !

Car notre Afrique compte sur nous

Devant le monde et devant les ancêtres.

Cette jeunesse africaine-là !

Douée dans les visions nocturnes,

Les chasseurs éternels des faux réseaux.

Pourtant, un petit japonais à notre âge crée et invente.

Pourtant, un petit blanc à notre âge crée et invente.

Cette jeunesse africaine -là

Si nous ne plongeons pas au fond de la mère

Pour réfléchir assez et chosifier cette mentalité

Sinon nous ferons pires que ces vieillards demain

Et l'Afrique restera éternellement à la queue

De cette course mondiale.

Poème 16: Ce que je ne doute pas

Ce que je ne doute pas ici
Dans cette Fabuleuse Afrique
Est que les Dirigeants africains sont au dessus de la loi.
Ce que je ne doute pas dans ce beaux pays
La mort est devenue comme un jeu pour eux
Ils tuent sans remord nos autorités inutilement
Et l'inquiétude est train d'envahir le peuple.

Ce que je ne doute pas ici
Dans cette Fabuleuse Afrique dans tous ses états
Est que la démocratie existe que de nom
Du nord au au sud et de l'Este à l'Ouest.
Les lois sont faites pour les peuples
Et la prison pour les opposants.

Ce que je ne doute ici
Entre nous les Noirs de cette Afrique-là

Une union sans hypocrisie la victoire sera atteinte

L'émergence de l'Afrique ne sera pas une illusion.

Ce que je ne doute pas ici

Dans ce beau pays, si nous croyons nous arriverons

Dans le paradis que nous estimons vivre.

Poème 17: Ils sont venus

Ils sont venus tous dans des costumes noirs

Aucun sourire sur leurs lèvres devant le monde

Avec des mots de belles mélodies

Nous rassurant un paradis sur terre.

Ils sont venus

Ils sont venus tous dans les costumes noirs

Ni une bible et ni un coran dans leurs mains

Pour nous faire espérer la concorde et la tranquillité

Ils sont venus

Dans ce beau monde si doux et si croustillant

Avec des armes et des chars de combat

Pour avaler notre l'unité et notre fraternité

Ils sont venus

Ils sont venus tous mines serrées comme la cigogne

Dans ce monde si doux et si croustillant

Pour altérer toutes nos valeurs humaines

Pour semer la haine et la violence

Ils sont venus

Cette génération-là !

Assoiffée de dignité et de gloire

Lisait sur leurs fronts une haine absolue

Ni une bible et ni un coran dans leurs mains

Pour nous faire espérer notre unité et notre fraternité dans cette belle nation

Ils sont venus

Ils sont venus dans cette belle nation

Avec des armes dans leurs mains

Pour altérer toutes les valeurs humaines

Et nous conduire sans doute à l'enfer.

Poème 18 : La voix d'une prostituée

Seigneur !

Me voici ta créature dans ce monde sans amour !

Mon corps ne supporte plus ces desseins

C'est en moi viennent déverser toutes eaux usées du monde

Ma dignité est train de partir loin de moi

L a joie que je ressente n'est plus la joie que tu veux

J'ai honte de te regarder, mon Père céleste.

Retire-moi de là

Retire-moi dans cet enfer

Retire-moi dans ce monde humiliant

Car je ne suis pas allée par la volonté.

C'est les épreuves de la vie qui m'ont plongé

C'est la faim et le manque d'argent qui m'ont plongé

Dans ce monde obscur et malsain

Jamais je n'ai voulu passer par là un jour !

Mais nul n'est le maître de son destin.

Tu nourris les oiseaux du ciel qui n'ont point de champs

Alors apporte-moi ma nourriture

Apporte-moi tous mes besoins

Remplit tous mes vides

Pour que je puisse quitter dans cet enfer.

Je crois en toi car tu peux le faire

Et je sais que tu agiras pour ton saint nom

Pour que ce nom impur me libère éternellement.

Poème 19 ; La voix d'un poignon

Né dans une famille non nantie

Non loin de la bidonville de la place

Parfumé par les odeurs les plus nauséabondes du monde

Cloué par la misère de l'Afrique

Oubliez par les amis

Chassez par la famille

Ame luisante et intellectuelle que je suis

Tout me fuit sur mon chemin

La misère est mon parfum quotidien

Je contemple avec mes yeux chinois

Toutes les belles choses du monde

Tous les fruits délicieux de ce monde

Mais, jamais je les goute !

Rien n'est mieux que l'argent devant le monde

Rien n'est mieux que le travail

Humilié par les femmes sur mon passage

Assoiffé de plaisir et de joie immense

Englouti par l'esprit de la misère

Rien ne me rexiste sur cette terre.

Les femmes et le plaisir

Tout me fuit sur mon chemin

Je contemple avec mes yeux chinois

Toutes les belles femmes du monde

Et toutes les belles voitures du monde.

Mais, jamais je les touche!

Parce que je suis pauvre.

Poème 20 : Ma prière du jour

Hommes de grandes valeurs
Remplit de tous les mots précieux
Amis proches du Transcendant
Porte-parole des âmes sans bouche
Représentants des sourds muets du monde
Que le Tout-Puissant nous éloigne tous les malheurs du monde !
Pour apporter les secrets qui emmèneront les humains au paradis
Hommes de grandes valeurs
Musiciens et chanteurs de grande dignité
Hommes chargés de prodiges et de voies précieuses

Auteurs que nous sommes

Hommes de lettres que nous sommes

Que le Tout-Puissant nous protège de tous ces dévoreurs !

Hommes de bonne moralité absolue

Porte-parole des sourds muets du monde

Amis proches du Transcendant

Que le Tout-Puissant nous éloigne de tous ces esprits impurs !

Pour continuer notre noble mission d'unification du monde

Dans une paix durable et dans une fraternité absolue.

Homme de grandes valeurs

Hommes de grande dignité

Combattants et hommes de lutte

Que le Tout-Puissant nous protège de tous ces assassins du monde

Pour continuer notre noble mission :

Celle d'avoir une société mondialement équilibrée

Dont règnent la paix, la justice et l'amour.

Poème 21 : Les Cicindèles

D'où viennent ces cicindèles pour altérer notre paix et notre joie ?

Partout dans le monde des hommes

Des humains assoiffés de dignité

Les assassins du grand chemin

Les ennemis fidèles de la paix.

Les buveurs du sang humain.

Je vous hais !

Des humains à la peau du loup

Les défenseurs éternels de la violence

Les amis véritables de l'insécurité

Ces cicindèles du monde

Je vous hais !

D'où viennent ces cicindèles pour altérer notre paix et notre joie ?

Partout dans le monde des hommes

Ils n'ont pas la main sur le cœur

Ils sont nés avant la honte et l'amour

Ils tuent sans remord les innocents

Les assassins du grand chemin

Je vous hais !

Allez ! Disparaissez ! Dans notre monde si beau et si doux !

Car nous voulons vivre en paix et en toute tranquillité ici !

Poème 22 : Enfin !

Enfin !

Enfin, ces cicindèles, ces oiseaux de mauvaises ordures

Sont partis dans l'autre côté du monde.

Nous pouvons rirent maintenant dans ce monde.

Enfin !

Enfin, ces éternels buveurs du sang humain

Ces assassins du grand chemin

Et ces véritables amis de la violence

Sont partis de l'autre bout du monde.

Nous pouvons jouir maintenant les fruits de la paix

Dans ce monde si doux et si délicieux.

Enfin !

Enfin, ces dictateurs et ces rebelles du grand chemin

Sont partis de l'autre côté du monde.

Nous pouvons être en paix et libre maintenant

Dans ce monde si doux et si délicieux.

Enfin !

Enfin, Tous ces faiseurs du mal et tous ces malfaiteurs

Sont partis de l'autre côté du monde.

Nous pouvons danser et chanter maintenant

Dans ce monde si doux et si délicieux.

Enfin !

Ces dictateurs, ces ennemis de la paix et ces sans cœurs

Sont partis de l'autre côté du monde et de l'autre bout de la terre.

Nous pouvons jouir désormais les fruits de la démocratie.

Poème 23 : La guerre

Ah, la guerre !

Ouais ! Ouais ! Elle est sale.

Très sale ! Sale comme horrible.

Rien n'est plus beau sur la route de la guerre

Seulement des boucliers humains

Seulement des humains sans cœurs

Seulement des tueries et des destructions.

Rien n'est plus beau sur la route de la guerre

Des morts par ici et par là

L'effusion du sang humain partout

Des pieds et des bras emportés ou amputés.

Rien n'est plus beau sur la route de la guerre

Il n'ya que l'écoulement du sang

Il n'ya que l'effusion du sang partout

Moins de déserteurs que de morts

Moins de joie que la tristesse et l'agonisse.

C'est pourquoi, nous devons la bannir

C'est pourquoi, nous devons la rejeter

C’est pourquoi, nous devons la remplacer par le dialogue

Car elle très sale !

Poème 24 : Au revoir maman !

Mère !

Mère précieuse de tous les temps.

Mon unique lumière qui a ouvert mes yeux

Je ne doute guère que tu as été une mère agréable pour moi.

Trésor inestimable !

Arbre de paix et de joie immense !

Tout s'est effondré aujourd'hui devant le monde

Te voilà couchée où il ne fallait pas

Dans cette maudite maison des hommes

Pour faire saigner mon cœur éternellement.

Mère !

Voici mes larmes innocentes et orphelines qui versent

Pour montrer mon angoisse et ma tristesse devant ce monde.

Mon rêve s'est transformé en cauchemars !

Le jour est devenu pour moi la nuit !

Je ne te verrai plus jamais, ni entendre ta voix et ni sentir ta présence sur cette terre des hommes.

Tu me manqueras éternellement dans ce monde.

Va ! En toute sécurité.

Et repose-toi auprès du Seigneur !

Jamais ! Tu seras oubliée dans ma mémoire !

Que la terre te soit légère !

Adieu, maman !

Poème 25 : Au revoir, papa !

Homme vaillant et de paix !

Tu as été pour moi un bon père et un bon conseiller

Malgré ton état de précaire, tu as gardé l'image d'un bon père.

J'ai cru en tes conseils et en tes secrets de la vie.

Tu m'as tout donné pour vaincre les obstacles et les difficultés.

Aujourd'hui te voilà couché là où il ne fallait pas !

Dans cette maison maudite des hommes

Pour faire saigner mon cœur éternellement.

Papa, ma douleur est très lourde.

Ni l'or et ni l'argent ne peuvent combler ce vide !

Car je ne te verrai plus jamais sur ces terres des hommes.

Jamais tu ne seras oublié !

Tes voix et tes images de bon père

Resteront gravées dans ma mémoire

Tu étais un bon rassembleur, un bon conseiller et un bon médiateur.

Toutes ces valeurs sont tues désormais !

Voici mon cœur est vide de joie

Voici mes larmes qui embrassent mes yeux

Devant toute la famille

Tu me manqueras beaucoup

Que Dieu soit avec toi là où tu iras !

Que la terre te soit légère !

Et tu ne seras jamais oublié dans mon cœur !

Adieu, papa !

Poème 26 : La femme rebelle

Femme à la voix suave

Femme au corps sucré

Femme à la voix onctueuse

Créature sublime et superbe

Je ne te marie guère !

Merci de m'avoir sorti des griffes sitôt

Er me libérer de cette corde mortelle

Que j'ai failli me mettre au coud de le monde

En toi tout est sale !

Femme arrogante !

Femme insoumise !

Tu es rebelle !

Pourtant, tu possèdes le plaisir qui tue.

Ton corps luisant, sucré et parfumé

Balance tous mes soucis dans la mer

Mon cœur est meurtrie de te quitter

Nul n'est plus mieux, merveilleux que ton plaisir

Jamais ! Je serai heureux de m'éloigner de toi.

Femme rebelle !

Mais je suis dans l'obligation de te quitter

Au nom de la paix qui est mieux que le plaisir

Car avec toi, je n'aurai jamais la paix mais le plaisir immense !

Poème 27 : En attendant

En attendant que ces ignares

Ces bêtes sauvages de ce monde

Se réveillent de leur sommeil collectif

Au pays des hommes opprimés

Puisons aussi énormément les ressources naturelles

Dans toutes les régions des pays concernés

Ils ont un sous-sol riche et fertile

Je suis très rassuré depuis quelques années.

N'ayons pas aucune pitié pour eux

Jamais ! Nous les montrerons un signe d'amour

Ni notre face de vrai humain.

Faisons ce qui nous plait maintenant

Car j'en suis sûr qu'ils se réveilleront demain

Et ils nous demanderont la liberté et la paix.

C'est le moment d'en profiter de leurs biens

Dans cette ignorance de ces ignares

De voler le maximum de leurs trésors

Sans payer un prix de dédommagement

Profitons ce précieux temps pour démolir

Car j'en suis sûr qu'ils se réveilleront demain

Et ils nous demanderont la liberté et la paix.

Devant les ancêtres et devant le Transcendant

Et nous n'auront plus ce temps précieux et ces trésors.

Dans le sol de des ignares.

Poème 28 Pourquoi tu devenue ainsi, mon amie ?

Si comme tu m'avais écouté

Tu avais pris le temps d'analyser mes dires

Tu ne serais pas là, ma belle.

Ton corps luisant comme la vipère

Cette forme ronde et potelée

Cettes fesses qui faisaient trembler les hommes

Regarde comme tu es devenue aujourd'hui

Une peau semble à la peau de crapaud

Une forme squelettique

Des vésicules partout

Tout est devenu pâme et ridé sur toi

Je t'ai dit que la prostitution est dangereuse

Je t'ai qu'aller tous les hommes n'est point bon

Et je t'ai dit qu'il faut chercher à travailler

Aujourd'hui te voilà devant la situation

Aucun homme ne te dit « Bonjour et ni Bonsoir un peu »

Si comme tu m'avais écouté

Tu avais pris le temps d'analyser mes dires

Tu ne serais pas arrivée à ce stade honteux

Et ton cher ami n'aura point d'abandonné.

Tableau des matières

Remerciements :

A mon père Kouadio Kouadio Ludovic

A ma mère feu Kouamé Diby, que ton âme se repose zen paix

A mon frère feu Kamlé N'hmé dit Tablette, que ton âme se repose en paix

A mon frère Kamlé N'dri benjamin, planteur à Molonou

A ma Sœur Kamlé amenan Sylvie, Cuisinière à Abidjan

A ma Sœur Ahou Solange, tresseuse à Abidjan

A mon Neveu N'hmé Koffi Yannick, Machiniste à PLASTIKA

A mon frère et ami Koffi Kouadio Serges, Secrétaire de Jumo

Printed by Books on Demand GmbH, Norderstedt / Germany